Consejos para Ahorrar Día a Día

1. Introducción

- **1.1. Bienvenida y Propósito del Libro**
  Explica brevemente por qué es importante ahorrar en la vida cotidiana, especialmente en el contexto español.
- **1.2. Cómo Utilizar Este Libro**
  Consejos sobre cómo los lectores pueden sacar el máximo provecho del libro.

2. Consejos Generales

- **2.1. Establecer un Presupuesto**
  Instrucciones sobre cómo crear y mantener un presupuesto mensual.
- **2.2. Importancia de la Planificación Financiera**
  Consejos sobre la planificación a corto y largo plazo.

3. Ahorro en la Vivienda

- **3.1. Electricidad y Agua**
    - Cambiar a bombillas LED.
    - Apagar dispositivos en modo de espera.
    - Uso eficiente del agua: duchas cortas, arreglar fugas.
- **3.2. Calefacción y Aire Acondicionado**
    - Aislamiento de ventanas y puertas.
    - Uso de termostatos programables.
- **3.3. Mantenimiento y Reparaciones**
    - Hacer pequeñas reparaciones uno mismo.
    - Conseguir materiales de segunda mano.

4. Ahorro en Alimentación

- **4.1. Planificación de Menús Semanales**
    - Hacer listas de compras basadas en el menú.
    - Evitar las compras impulsivas.

- **4.2. Comprar en Mercados Locales**
  - Consejos para encontrar buenos productos a mejores precios.
- **4.3. Cocina Casera y Recetas Económicas**
  - Cocinar en casa vs. comer fuera.
  - Recetas que aprovechan al máximo los ingredientes.

5. Ahorro en Transporte

- **5.1. Transporte Público vs. Vehículo Propio**
  - Ventajas del transporte público en ciudades españolas.
  - Compartir coche y aplicaciones de carpooling.
- **5.2. Mantenimiento del Coche**
  - Hacer el mantenimiento básico en casa.
  - Buscar talleres con buena relación calidad-precio.
- **5.3. Combustible**
  - Aplicaciones para encontrar las gasolineras más baratas.
  - Conducir de manera eficiente.

6. Ahorro en Ocio y Tiempo Libre

- **6.1. Actividades Gratuitas o de Bajo Costo**
  - Explorar parques naturales, museos gratuitos.
  - Participar en eventos locales gratuitos.
- **6.2. Cine, Teatro y Espectáculos**
  - Conseguir entradas con descuento o en días promocionales.
  - Streaming vs. ir al cine.
- **6.3. Viajes y Vacaciones**
  - Reservar con antelación para obtener mejores precios.
  - Alojamiento en casas rurales o alquileres temporales.

7. Ahorro en Moda y Compras Personales

- **7.1. Comprar Ropa en Rebajas o Segunda Mano**
  - Ventajas de comprar fuera de temporada.
  - Tiendas de segunda mano en España.
- **7.2. Intercambio de Ropa y Accesorios**

- Organizar eventos de intercambio.
- **7.3. Evitar las Compras Impulsivas**
  - Métodos para reducir las compras por impulso.

8. Ahorro en Educación y Formación

- **8.1. Becas y Ayudas para Estudiantes**
  - Información sobre becas disponibles en España.
- **8.2. Formación Online y Cursos Gratuitos**
  - Plataformas de formación gratuita.
- **8.3. Material Escolar y Libros de Texto**
  - Comprar libros de segunda mano.
  - Intercambio de libros entre estudiantes.

9. Ahorro en Salud y Bienestar

- **9.1. Alimentación Saludable y Económica**
  - Consejos para mantener una dieta equilibrada sin gastar mucho.
- **9.2. Ejercicio en Casa o al Aire Libre**
  - Rutinas de ejercicio sin necesidad de un gimnasio.
- **9.3. Medicamentos y Salud**
  - Comprar medicamentos genéricos.
  - Aprovechar la sanidad pública.

10. Ahorro en Tecnología y Comunicaciones

- **10.1. Comparar Tarifas de Internet y Móvil**
  - Aplicaciones para comparar y cambiar tarifas.
- **10.2. Reparación de Dispositivos**
  - Cómo arreglar gadgets uno mismo.
- **10.3. Uso Eficiente de Tecnología**
  - Consejos para prolongar la vida útil de los dispositivos.

11. Ahorro en Familia y Niños

- **11.1. Actividades Familiares de Bajo Costo**

- Ideas para disfrutar en familia sin gastar mucho.
- **11.2. Ahorro en Cuidado de Niños**
  - Alternativas a la guardería: compartir niñera, etc.
- **11.3. Ropa y Juguetes**
  - Comprar de segunda mano o intercambiar.

12. Ahorro en Mascotas

- **12.1. Alimentación y Cuidados**
  - Comprar comida para mascotas a granel.
  - Hacer juguetes caseros.
- **12.2. Veterinarios y Seguros**
  - Buscar clínicas veterinarias económicas.
  - Considerar un seguro para mascotas.

13. Ahorro en Celebraciones y Regalos

- **13.1. Celebraciones en Casa**
  - Consejos para organizar fiestas en casa.
- **13.2. Regalos Hechos a Mano**
  - Ideas para regalos personalizados y económicos.
- **13.3. Comprar Regalos con Antelación**
  - Aprovechar ofertas y rebajas durante el año.

14. Recursos y Herramientas

- **14.1. Apps para Ahorrar Dinero**
  - Listado de aplicaciones útiles para el ahorro en España.
- **14.2. Blogs y Canales de YouTube de Ahorro**
  - Recursos adicionales para aprender más sobre ahorro.
- **14.3. Grupos y Foros de Ahorro en España**
  - Comunidades online donde compartir y obtener consejos.

15. Conclusión

- **15.1. Reflexión Final**

  Importancia de la constancia en el ahorro.

- **15.2. Palabras de Motivación**

  Animar a los lectores a implementar los consejos en su vida diaria.

16. Apéndices

- **16.1. Plantillas de Presupuesto**

  Plantillas descargables o imprimibles para llevar un control del gasto.

- **16.2. Recursos Legales y Financieros**

  Información sobre recursos gubernamentales y ONGs que ayudan con la gestión financiera.

- **16.3. Glosario de Términos Financieros**

  Explicación de términos clave utilizados en el libro.

---

1. Introducción

1.1. Bienvenida y Propósito del Libro

¡Bienvenido a tu guía esencial para el ahorro diario en España! Vivir en un entorno económico cambiante y con el coste de la vida en constante evolución puede ser un desafío. Sin embargo, desarrollar hábitos de ahorro inteligentes y sostenibles es crucial para mantener una estabilidad financiera y alcanzar tus metas personales.

En España, los gastos pueden variar significativamente según la región, desde los altos costos en grandes ciudades como Madrid y Barcelona hasta opciones más económicas en áreas rurales. Este libro está diseñado para ofrecerte consejos prácticos y aplicables a tu vida diaria, sin importar dónde te encuentres en el país.

Ahorrar no solo es una cuestión de cortar gastos, sino también de tomar decisiones informadas que te permitan disfrutar de una vida equilibrada y sin estrés financiero. Ya sea que estés buscando formas de reducir tus facturas, optimizar tu presupuesto, o simplemente mejorar tus hábitos de consumo, este libro te proporcionará estrategias accesibles y efectivas.

Nuestro objetivo es empoderarte con herramientas y conocimientos que te permitan gestionar tu dinero de manera más eficiente y encontrar soluciones adaptadas a tus necesidades. Con una serie de 200 consejos repartidos en diversas áreas de tu vida, te invitamos a explorar cada sección y poner en práctica las sugerencias que mejor se adapten a tu situación.

1.2. Cómo Utilizar Este Libro

Para sacar el máximo provecho de esta guía, te ofrecemos algunos consejos sobre cómo usarla de manera efectiva:

1. **Lee el Índice y Familiarízate con el Contenido:**
   - Antes de sumergirte en los consejos, revisa el índice para identificar las secciones que más te interesan o donde sientes que necesitas mejorar. Puedes comenzar por aquellas áreas que consideras más relevantes para tu situación actual.
2. **Empieza por Pequeños Cambios:**
   - No te sientas abrumado por la cantidad de consejos. En lugar de intentar implementar todos a la vez, selecciona unos pocos consejos iniciales y comienza con ellos. La clave es la consistencia, no la rapidez.
3. **Adapta los Consejos a tu Situación:**
   - Cada hogar y cada persona tiene necesidades y circunstancias únicas. Adapta los consejos a tu propia realidad. Por ejemplo, si vives en una gran ciudad, algunos consejos sobre transporte podrían ser más relevantes para ti que para alguien en un área rural.
4. **Haz un Plan de Acción:**
   - Utiliza las recomendaciones para crear un plan de acción. Puedes hacer una lista de los consejos que piensas aplicar y establecer un cronograma para implementarlos. Así podrás monitorear tu progreso y ajustar tus estrategias según sea necesario.
5. **Lleva un Registro de tu Ahorro:**
   - Documenta los cambios que implementas y el impacto que tienen en tus finanzas. Llevar un registro te ayudará a ver qué estrategias son más efectivas y te motivará a continuar aplicando nuevas técnicas.
6. **Revisa y Ajusta Regularmente:**

- El ahorro es un proceso continuo. Dedica tiempo a revisar y ajustar tus hábitos y estrategias. Al hacerlo, podrás identificar nuevas oportunidades para ahorrar y mejorar continuamente tu situación financiera.

7. **Comparte tus Logros:**
    - No dudes en compartir tus éxitos y experiencias con familiares y amigos. A veces, discutir sobre los logros en el ahorro puede inspirar a otros y también proporcionarte nuevas ideas y consejos.

Recuerda, este libro es una herramienta para ayudarte a alcanzar una vida financiera más saludable y equilibrada. ¡Te deseamos mucho éxito en tu camino hacia el ahorro y la gestión financiera eficiente!

2. Consejos Generales

2.1. Establecer un Presupuesto

Establecer y mantener un presupuesto es el primer paso esencial hacia una vida financiera saludable. Un buen presupuesto te ayuda a tener un control claro sobre tus ingresos y gastos, y te permite planificar tus finanzas de manera efectiva. Aquí tienes una guía paso a paso para crear y mantener un presupuesto mensual:

1. **Recopila Información Financiera:**
    - **Ingresos:** Comienza por listar todas las fuentes de ingresos que recibes mensualmente, como salario, pensiones, ingresos por alquiler, etc.
    - **Gastos:** Anota todos tus gastos mensuales. Divide los gastos en dos categorías: fijos (alquiler, hipoteca, seguros) y variables (alimentación, ocio, transporte).
2. **Categoriza tus Gastos:**
    - **Gastos Fijos:** Estos son los gastos que no cambian mes a mes, como el alquiler, pagos de préstamos, y servicios públicos.
    - **Gastos Variables:** Estos son los gastos que pueden variar, como comida, entretenimiento, y compras ocasionales.
3. **Define un Límite para Cada Categoría:**

- Establece cuánto puedes gastar en cada categoría basándote en tus ingresos y prioridades. Sé realista y ajusta los límites según tus necesidades y objetivos financieros.

4. **Crea el Presupuesto:**
   - **Utiliza una Herramienta de Presupuesto:** Puedes usar una hoja de cálculo, una aplicación de presupuesto, o un cuaderno para registrar tus ingresos y gastos. Hay muchas aplicaciones disponibles que pueden ayudarte a hacer esto de manera sencilla y automatizada.
   - **Asignación de Fondos:** Asigna tu ingreso mensual a las diferentes categorías de gasto y asegúrate de reservar una parte para ahorros.

5. **Haz un Seguimiento Regular:**
   - **Registro de Gastos:** Lleva un registro de tus gastos reales y compáralos con tu presupuesto. Esto te ayudará a identificar desviaciones y ajustar tu plan en consecuencia.
   - **Revisión Mensual:** Revisa tu presupuesto al final de cada mes para evaluar cómo te has ajustado a él y realiza los ajustes necesarios para el próximo mes.

6. **Ajusta y Optimiza:**
   - **Ajustes Necesarios:** Si encuentras que te estás sobrepasando en ciertas categorías, ajusta los límites para los próximos meses y busca formas de reducir esos gastos.
   - **Optimización:** Busca oportunidades para ahorrar en áreas donde puedas estar gastando demasiado, como suscripciones innecesarias o comer fuera con frecuencia.

7. **Establece Metas Financieras:**
   - **Corto Plazo:** Como ahorrar para unas vacaciones o pagar una deuda pequeña.
   - **Largo Plazo:** Como ahorrar para la jubilación, un depósito para una casa, o la educación de tus hijos.

2.2. Importancia de la Planificación Financiera

La planificación financiera es fundamental para alcanzar una estabilidad económica y asegurar tu bienestar financiero a lo largo del tiempo. Aquí te presentamos consejos sobre la planificación a corto y largo plazo:

1. **Planificación a Corto Plazo:**
   - **Objetivos Financieros Inmediatos:** Define metas que quieras alcanzar en los próximos meses o en el próximo año, como ahorrar para un electrodoméstico nuevo o reducir una deuda específica.
   - **Fondo de Emergencia:** Asegúrate de tener un fondo de emergencia equivalente a al menos tres a seis meses de gastos básicos. Esto te protegerá en caso de imprevistos, como la pérdida de empleo o gastos médicos inesperados.
   - **Gastos Planificados:** Incluye en tu planificación los gastos que sabes que se aproximan, como seguro del coche, mantenimiento del hogar, o impuestos. Esto te ayudará a evitar sorpresas financieras.
2. **Planificación a Largo Plazo:**
   - **Metas a Largo Plazo:** Establece objetivos que desees alcanzar en un horizonte de cinco a diez años o más. Ejemplos incluyen la compra de una vivienda, la educación universitaria de tus hijos, o la jubilación.
   - **Plan de Ahorro para la Jubilación:** Comienza a ahorrar para tu jubilación lo antes posible. Aprovecha planes de pensiones y otros productos financieros diseñados para el ahorro a largo plazo.
   - **Inversiones:** Considera diversificar tus inversiones para proteger tu dinero y hacerlo crecer con el tiempo. Consulta con un asesor financiero para explorar opciones adecuadas para tus objetivos y perfil de riesgo.
   - **Revisión y Ajustes Periódicos:** Revisa y ajusta tu plan financiero regularmente. A medida que cambien tus circunstancias personales o económicas, adapta tu estrategia para seguir avanzando hacia tus metas.
3. **Educación Financiera Continua:**
   - **Formación:** Mantente informado sobre temas financieros a través de libros, cursos, y seminarios. La educación continua te ayudará a tomar decisiones financieras más informadas y efectivas.
   - **Consulta con Profesionales:** No dudes en buscar asesoramiento financiero profesional cuando sea necesario. Un asesor financiero puede

ofrecerte consejos personalizados y ayudarte a planificar de manera más estratégica.

4. **Balance entre Gastos y Ahorros:**
   - **Equilibrio:** Asegúrate de mantener un equilibrio entre tus gastos y ahorros. No se trata solo de reducir gastos, sino de encontrar un equilibrio que te permita disfrutar de tu vida mientras construyes un futuro financiero sólido.

La planificación financiera es una herramienta poderosa para lograr tus objetivos y asegurar tu bienestar a largo plazo. Implementando estos consejos, estarás mejor preparado para enfrentar los desafíos financieros y alcanzar tus metas con éxito.

3. Ahorro en la Vivienda

En el hogar, el ahorro puede lograrse mediante la optimización del uso de recursos y el mantenimiento adecuado de la propiedad. Aquí te proporcionamos consejos prácticos para reducir los costos relacionados con la electricidad, el agua, la calefacción, el aire acondicionado, y el mantenimiento general de tu vivienda.

3.1. Electricidad y Agua

Cambiar a Bombillas LED

- **Ventajas de las Bombillas LED:** Las bombillas LED (diodo emisor de luz) consumen hasta un 80% menos de energía que las bombillas incandescentes tradicionales y tienen una vida útil mucho más larga. Aunque el costo inicial puede ser más alto, la inversión se amortiza rápidamente debido al menor consumo energético y la durabilidad.
- **Cómo Hacer el Cambio:** Reemplaza gradualmente las bombillas incandescentes o halógenas en tu hogar por bombillas LED. Asegúrate de elegir bombillas con la misma base y nivel de luminosidad para una fácil sustitución.

Apagar Dispositivos en Modo de Espera

- **Impacto del Modo de Espera:** Los dispositivos electrónicos en modo de espera continúan consumiendo energía, lo que puede sumar un gasto significativo a lo largo del tiempo. Esto incluye televisores, ordenadores, cargadores y electrodomésticos.
- **Estrategias para Reducir el Consumo:**
    - **Uso de Regletas con Interruptor:** Conecta varios dispositivos a una regleta con interruptor y apágala cuando no estés usando los dispositivos. Esto corta el suministro de energía y evita el consumo innecesario.
    - **Desconexión Manual:** Desenchufa los cargadores y dispositivos que no estés utilizando activamente.

Uso Eficiente del Agua

- **Duchas Cortas:** Reducir el tiempo de ducha a 5-10 minutos puede disminuir significativamente el consumo de agua caliente. Considera instalar un cabezal de ducha de bajo flujo para reducir el caudal de agua sin comprometer la experiencia de ducha.
- **Arreglar Fugas:** Las fugas en grifos y cisternas pueden desperdiciar grandes cantidades de agua. Repara cualquier fuga de inmediato. A menudo, los kits de reparación para grifos y cisternas están disponibles en tiendas de bricolaje y son fáciles de instalar.
- **Uso de Dispositivos de Ahorro de Agua:** Instala aireadores en los grifos y reductores de caudal en las duchas para reducir el consumo de agua sin sacrificar la presión.

3.2. Calefacción y Aire Acondicionado

Aislamiento de Ventanas y Puertas

- **Importancia del Aislamiento:** Un buen aislamiento ayuda a mantener la temperatura interior, reduciendo la necesidad de calefacción en invierno y aire acondicionado en verano. Esto se traduce en un menor consumo energético y costos reducidos.
- **Medidas de Aislamiento:**

- **Sellado de Grietas:** Usa masilla o cinta de sellado para cubrir grietas alrededor de ventanas y puertas.
- **Cortinas y Estores:** Instala cortinas térmicas o estores que ayudan a mantener la temperatura interior. Las cortinas opacas pueden reducir la pérdida de calor en invierno y bloquear el calor en verano.

Uso de Termostatos Programables

- **Ventajas de los Termostatos Programables:** Un termostato programable permite ajustar la temperatura de tu hogar de acuerdo a un horario específico, asegurando que la calefacción o el aire acondicionado solo se enciendan cuando realmente se necesiten.
- **Cómo Configurarlo:** Programa el termostato para bajar la temperatura cuando no estés en casa o durante la noche. Ajusta la temperatura para que esté a un nivel cómodo antes de que llegues a casa o te despiertes.
- **Ajustes de Temperatura Eficientes:** Mantén la temperatura en un nivel razonable para evitar el exceso de calefacción o enfriamiento. La mayoría de los expertos recomiendan mantener la temperatura a 20°C durante el invierno y a 26°C durante el verano.

3.3. Mantenimiento y Reparaciones

Hacer Pequeñas Reparaciones Uno Mismo

- **Ventajas del Hazlo Tú Mismo (DIY):** Realizar pequeñas reparaciones y tareas de mantenimiento por ti mismo puede ahorrarte dinero en mano de obra y te da la oportunidad de aprender habilidades útiles.
- **Tipos de Reparaciones Sencillas:**
  - **Reparaciones de Fontanería Básicas:** Cómo arreglar una fuga menor en un grifo o desatascar un desagüe.
  - **Mantenimiento de Electrodomésticos:** Limpieza y mantenimiento básico de filtros de aire acondicionado o lavadoras.
- **Recursos para el DIY:** Utiliza tutoriales en línea, videos y guías de bricolaje para aprender cómo realizar tareas básicas de mantenimiento. También puedes encontrar manuales específicos para tu hogar o electrodomésticos.

Conseguir Materiales de Segunda Mano

- **Beneficios de Comprar de Segunda Mano:** Comprar materiales de construcción y artículos para el hogar de segunda mano puede ser significativamente más económico y es una opción más sostenible.
- **Dónde Encontrar Materiales:**
  - **Tiendas de Segunda Mano y Mercadillos:** Busca en tiendas especializadas en materiales de segunda mano o en mercadillos locales.
  - **Plataformas Online:** Utiliza sitios web y aplicaciones de compra y venta de segunda mano como Wallapop o eBay para encontrar materiales y herramientas a buen precio.
- **Reutilización y Reciclaje:** Considera reutilizar materiales cuando sea posible. Por ejemplo, puedes reutilizar maderas, azulejos o incluso muebles para proyectos de renovación o decoración.

Con estos consejos prácticos, podrás optimizar el consumo de recursos en tu hogar, reducir los costos y mantener tu vivienda en buen estado. El ahorro en la vivienda no solo se traduce en una reducción de gastos, sino también en una contribución positiva al medio ambiente al utilizar los recursos de manera más eficiente.

4. Ahorro en Alimentación

El gasto en alimentación es una parte significativa del presupuesto familiar, pero con un enfoque estratégico, puedes reducir esos costos sin sacrificar la calidad o el sabor. A continuación, te presentamos estrategias efectivas para ahorrar en alimentación.

4.1. Planificación de Menús Semanales

Hacer Listas de Compras Basadas en el Menú

- **Beneficios de la Planificación de Menús:** Planificar tus menús semanales te ayuda a organizarte mejor, evitando compras innecesarias y reduciendo el desperdicio de alimentos. Al tener un plan claro, solo compras lo que realmente necesitas.

- **Cómo Crear un Menú Semanal:**
    1. **Revisa tu Despensa y Nevera:** Antes de planificar, verifica los ingredientes que ya tienes para evitar duplicar compras.
    2. **Selecciona Recetas:** Elige recetas para cada día de la semana, considerando la variedad de nutrientes y preferencias familiares.
    3. **Diseña el Menú:** Escribe el menú para cada día, incluyendo el desayuno, almuerzo, cena y, si lo deseas, meriendas.
    4. **Elabora la Lista de Compras:** Basándote en el menú, haz una lista detallada de los ingredientes que necesitas. Incluye tanto los productos frescos como los de despensa.
- **Consejos para la Lista de Compras:**
    - **Organiza la Lista:** Clasifica los productos por secciones de la tienda (frutas y verduras, lácteos, carnes, etc.) para hacer la compra más eficiente.
    - **Compra en Cantidades Adecuadas:** Compra en porciones que se ajusten a tus recetas y necesidades, evitando comprar en exceso.

Evitar las Compras Impulsivas

- **Impacto de las Compras Impulsivas:** Las compras impulsivas pueden llevar a gastar dinero en productos innecesarios y, a menudo, en artículos que no se utilizan o que se echan a perder.
- **Estrategias para Evitar Compras Impulsivas:**
    - **Sigue la Lista:** Apegarse a la lista de compras es crucial para evitar desvíos.
    - **Compra con el Estómago Lleno:** Evita ir al supermercado con hambre, ya que esto puede llevarte a comprar más de lo necesario.
    - **Evita las Secciones Tentadoras:** Mantente alejado de secciones como dulces y snacks si no tienes intenciones de comprar estos productos.

4.2. Comprar en Mercados Locales

Consejos para Encontrar Buenos Productos a Mejores Precios

- **Ventajas de los Mercados Locales:** Los mercados locales suelen ofrecer productos frescos y de temporada a precios más bajos que los supermercados. Además, puedes apoyar a los productores locales y reducir el impacto ambiental al disminuir el transporte de alimentos.
- **Cómo Encontrar los Mejores Productos:**
  - **Investiga los Mercados Cercanos:** Identifica los mercados locales en tu área y averigua cuáles tienen la mejor reputación por la calidad y el precio de sus productos.
  - **Compra Productos de Temporada:** Los productos de temporada suelen ser más económicos y sabrosos. Consulta las frutas y verduras de temporada para tu región.
  - **Negocia Precios:** En algunos mercados, especialmente en los mercados de agricultores, puede haber margen para negociar precios, especialmente si compras en grandes cantidades.
- **Consejos Adicionales:**
  - **Llega Temprano:** Llegar temprano te da acceso a los productos frescos y a la mejor selección.
  - **Conoce a los Vendedores:** Establecer una relación con los vendedores puede ayudarte a obtener consejos sobre cómo elegir los mejores productos y sobre posibles descuentos.

4.3. Cocina Casera y Recetas Económicas

Cocinar en Casa vs. Comer Fuera

- **Ventajas de Cocinar en Casa:** Cocinar en casa no solo es más económico, sino que también te permite controlar los ingredientes y la calidad de tus comidas. Las comidas caseras tienden a ser más saludables y te permiten aprovechar al máximo tus compras.
- **Comparación de Costos:** Comer fuera puede ser significativamente más caro que preparar tus propias comidas. Un simple cálculo puede mostrarte cuánto puedes ahorrar al cocinar en casa.
- **Planificación de Comidas Caseras:**

- **Prepara Menús Semanales:** Usa la planificación de menús (como se mencionó anteriormente) para reducir el tiempo de preparación y asegurar que las comidas sean variadas y nutritivas.
- **Haz Lotes:** Cocina grandes cantidades y congela porciones para tener comidas listas para los días ocupados.

Recetas que Aprovechan al Máximo los Ingredientes

- **Beneficios de las Recetas Económicas:** Las recetas que maximizan el uso de ingredientes pueden reducir el desperdicio de alimentos y aprovechar al máximo los productos que compras.
- **Ideas para Recetas Económicas:**
  - **Platos con Legumbres:** Las legumbres como lentejas y garbanzos son nutritivas y económicas. Prepara guisos, sopas o ensaladas.
  - **Recetas de Un Solo Olla:** Platos como cazuelas o estofados que combinan varios ingredientes en una sola olla son fáciles de preparar y suelen rendir mucho.
  - **Uso de Sobras:** Utiliza las sobras de una comida para preparar nuevas recetas. Por ejemplo, las sobras de pollo pueden convertirse en ensaladas, sándwiches o sopas.
- **Consejos para Reducir el Desperdicio de Alimentos:**
  - **Planifica las Porciones:** Cocina la cantidad adecuada para evitar tener que tirar comida.
  - **Almacenamiento Adecuado:** Usa envases herméticos para conservar alimentos y evitar que se echen a perder.

Con estos consejos, podrás gestionar tus gastos en alimentación de manera más efectiva, disfrutando de comidas sabrosas y saludables sin exceder tu presupuesto. ¡El ahorro en la alimentación es una manera excelente de mejorar tu situación financiera y tu bienestar general!

5. Ahorro en Transporte

El transporte es una parte importante del presupuesto familiar y puede influir significativamente en tus gastos mensuales. Aprovechar las opciones de transporte público, mantener tu vehículo en buen estado y optimizar el consumo de combustible son estrategias clave para reducir estos costos. A continuación, te ofrecemos consejos prácticos para ahorrar en transporte.

5.1. Transporte Público vs. Vehículo Propio

Ventajas del Transporte Público en Ciudades Españolas

- **Costos Reducidos:** Usar el transporte público en lugar de un vehículo propio puede llevar a una reducción significativa en tus gastos de transporte. Esto incluye ahorro en gasolina, mantenimiento, seguros y estacionamiento.
- **Beneficios en Ciudades Españolas:**
  - **Redes de Transporte Ampliadas:** Ciudades como Madrid, Barcelona y Valencia tienen extensas redes de transporte público que incluyen autobuses, metros, tranvías y cercanías, facilitando el acceso a casi cualquier parte de la ciudad.
  - **Tarifas Subvencionadas:** Muchas ciudades ofrecen tarifas reducidas para residentes, estudiantes y personas mayores, así como abonos mensuales o anuales que pueden reducir aún más los costos.
  - **Menos Estrés:** Usar transporte público puede reducir el estrés asociado con la conducción y el tráfico, permitiéndote utilizar el tiempo de manera más productiva.
- **Consejos para Aprovechar el Transporte Público:**
  - **Planifica tu Ruta:** Utiliza aplicaciones y mapas en línea para planificar tus trayectos y conocer los horarios.
  - **Compra Abonos:** Adquiere abonos mensuales o tarjetas de transporte si planeas usar el transporte público con frecuencia.

Compartir Coche y Aplicaciones de Carpooling

- **Ventajas del Carpooling:** Compartir el coche con otros viajeros puede reducir el costo de combustible y los gastos asociados con el mantenimiento del vehículo. También puede contribuir a disminuir la congestión del tráfico y el impacto ambiental.

- **Aplicaciones de Carpooling:**
    - **Blablacar:** Popular en España, esta aplicación permite compartir trayectos largos y reducir los costos de viaje.
    - **Carpooling.com:** Otra opción para encontrar compañeros de viaje en trayectos compartidos.
- **Consejos para Compartir Coche:**
    - **Establece Acuerdos Claros:** Asegúrate de acordar aspectos como el costo de combustible y las responsabilidades de cada persona.
    - **Usa Aplicaciones de Carpooling:** Regístrate en aplicaciones que te ayuden a encontrar personas con rutas similares y coordinar viajes compartidos.

5.2. Mantenimiento del Coche

Hacer el Mantenimiento Básico en Casa

- **Beneficios del Mantenimiento Básico:** Realizar algunas tareas de mantenimiento básico en casa puede ayudarte a ahorrar dinero en reparaciones y prolongar la vida útil de tu vehículo.
- **Tareas Básicas que Puedes Realizar:**
    - **Cambio de Aceite:** Puedes cambiar el aceite y el filtro tú mismo siguiendo las instrucciones del manual del vehículo.
    - **Revisión de Neumáticos:** Comprueba regularmente la presión de los neumáticos y realiza rotaciones para asegurar un desgaste uniforme.
    - **Cambio de Filtros de Aire:** Cambia el filtro de aire del motor y del habitáculo según las recomendaciones del fabricante.
- **Consejos para el Mantenimiento en Casa:**
    - **Consulta el Manual del Vehículo:** Sigue las recomendaciones del fabricante para realizar el mantenimiento.
    - **Compra Herramientas Básicas:** Invierte en herramientas y productos de mantenimiento básicos para realizar tareas por ti mismo.

Buscar Talleres con Buena Relación Calidad-Precio

- **Cómo Encontrar un Buen Taller:**
    - **Recomendaciones y Reseñas:** Consulta recomendaciones de amigos, familiares o revisa reseñas en línea para encontrar talleres con buena reputación.
    - **Compara Presupuestos:** Obtén presupuestos de varios talleres antes de tomar una decisión. Asegúrate de que el taller ofrezca una garantía por el trabajo realizado.
- **Consejos para Asegurar la Calidad del Servicio:**
    - **Verifica Certificaciones:** Busca talleres que cuenten con certificaciones o acreditaciones profesionales.
    - **Pregunta por el Uso de Piezas Originales:** Asegúrate de que el taller utilice piezas originales o de alta calidad para las reparaciones.

5.3. Combustible

Aplicaciones para Encontrar las Gasolineras Más Baratas

- **Beneficios de Usar Aplicaciones de Combustible:** Utilizar aplicaciones para encontrar las gasolineras más económicas puede ayudarte a ahorrar dinero en combustible al comparar precios en tiempo real.
- **Aplicaciones Recomendadas:**
    - **GasAll:** Permite comparar precios de gasolina y diésel en gasolineras cercanas en España.
    - **Benzina:** Ofrece información sobre precios de combustible y ubicaciones de estaciones en tu área.
- **Consejos para Ahorrar en Combustible:**
    - **Planifica tu Ruta:** Usa aplicaciones de navegación para elegir rutas que eviten el tráfico y el consumo excesivo de combustible.
    - **Llena el Depósito en Momentos Oportunos:** Aprovecha los momentos en que los precios son más bajos para llenar el depósito.

Conducir de Manera Eficiente

- **Consejos para una Conducción Eficiente:**

- **Evita Aceleraciones Bruscas:** Conducir suavemente reduce el consumo de combustible y el desgaste del motor.
             - **Mantén una Velocidad Constante:** Usa el control de crucero en carretera para mantener una velocidad constante y mejorar la eficiencia del combustible.
             - **Mantén el Coche Ligero:** No lleves cargas innecesarias en el maletero, ya que el peso adicional puede aumentar el consumo de combustible.
- **Mantenimiento del Vehículo para Eficiencia:**
             - **Alineación de Ruedas:** Realiza la alineación de ruedas periódicamente para asegurar un desgaste uniforme de los neumáticos y una mejor eficiencia de combustible.
             - **Revisión de la Presión de los Neumáticos:** Mantén los neumáticos correctamente inflados para optimizar el consumo de combustible.

Implementando estos consejos para ahorrar en transporte, podrás reducir significativamente tus gastos en movilidad, mantener tu vehículo en buen estado y contribuir a un entorno más sostenible.

6. Ahorro en Ocio y Tiempo Libre

Disfrutar del tiempo libre y las actividades de ocio es fundamental para el bienestar, pero no siempre tiene que ser costoso. Con un enfoque estratégico, puedes disfrutar de una variedad de experiencias enriquecedoras sin gastar una fortuna. Aquí te ofrecemos consejos para disfrutar del ocio y el tiempo libre de manera económica.

6.1. Actividades Gratuitas o de Bajo Costo

Explorar Parques Naturales y Museos Gratuitos

- **Parques Naturales:**
             - **Beneficios de los Parques Naturales:** Los parques naturales ofrecen oportunidades para disfrutar del aire libre, hacer senderismo, picnics y explorar la belleza natural sin ningún costo. Son ideales para actividades en familia o en solitario.

- o **Cómo Encontrar Parques:** Investiga los parques naturales y áreas recreativas en tu región. Muchas comunidades tienen sitios web o guías locales que listan los parques y ofrecen información sobre actividades y senderos.
- **Museos Gratuitos:**
  - o **Días de Entrada Gratuita:** Muchos museos y centros culturales ofrecen días de entrada gratuita o reducida, a menudo en días específicos de la semana o durante eventos especiales.
  - o **Museos con Entrada Libre:** Investiga qué museos en tu ciudad ofrecen entrada gratuita de manera permanente. Algunos museos tienen exposiciones permanentes que no tienen costo de entrada.

Participar en Eventos Locales Gratuitos

- **Beneficios de los Eventos Locales:** Participar en eventos locales gratuitos, como ferias, festivales, conciertos en parques y actividades comunitarias, puede ser una excelente manera de disfrutar de la cultura local y socializar sin gastar mucho.
- **Cómo Encontrar Eventos Gratuitos:**
  - o **Consulta Calendarios Locales:** Revisa los calendarios de eventos en sitios web de la comunidad, redes sociales y tablones de anuncios locales.
  - o **Suscríbete a Boletines:** Muchos centros culturales, bibliotecas y organizaciones comunitarias envían boletines con información sobre eventos gratuitos y actividades.

6.2. Cine, Teatro y Espectáculos

Conseguir Entradas con Descuento o en Días Promocionales

- **Entradas con Descuento:**
  - o **Tarjetas de Descuento:** Algunas empresas y asociaciones ofrecen tarjetas de descuento para cine, teatro y otros espectáculos. Investiga si hay programas de fidelidad o membresías que ofrezcan descuentos.

- o **Ofertas en Línea:** Compra entradas en línea con antelación y busca códigos promocionales o ofertas especiales. Sitios web como Entradas.com o Groupon a menudo tienen ofertas para eventos y espectáculos.

- **Días Promocionales:**
  - o **Días de Descuento:** Muchos teatros y cines tienen días específicos con descuentos en las entradas. Consulta los sitios web de los teatros y cines locales para conocer sus días promocionales.
  - o **Precios Especiales para Estudiantes y Mayores:** Aprovecha las tarifas reducidas para estudiantes y personas mayores que ofrecen muchos lugares de entretenimiento.

Streaming vs. Ir al Cine

- **Ventajas del Streaming:**
  - o **Costo Efectivo:** Los servicios de streaming suelen ser más económicos que las entradas al cine, especialmente si optas por planes familiares o anuales.
  - o **Comodidad:** Puedes disfrutar de películas y series desde la comodidad de tu hogar, evitando costos adicionales como el transporte y el precio de los snacks.
- **Comparación de Costos:**
  - o **Suscripciones a Streaming:** Compara el costo de diferentes servicios de streaming (como Netflix, HBO Max, Amazon Prime Video) para encontrar el que mejor se adapte a tus necesidades.
  - o **Ofertas y Pruebas Gratis:** Aprovecha las ofertas y pruebas gratuitas para evaluar si un servicio de streaming es adecuado antes de comprometerte con una suscripción.
- **Considera Ir al Cine Ocasionalmente:**
  - o **Películas Estrenos:** Para los estrenos y películas que quieres ver en pantalla grande, planifica ir al cine en días de descuento o en horarios de menor demanda para ahorrar.

6.3. Viajes y Vacaciones

Reservar con Antelación para Obtener Mejores Precios

- **Beneficios de Reservar con Antelación:** Reservar tus vuelos, alojamiento y actividades con anticipación puede ayudarte a obtener mejores precios y asegurar disponibilidad, especialmente en temporada alta o durante eventos especiales.
- **Consejos para Reservar con Antelación:**
  - **Comparadores de Precios:** Utiliza sitios web de comparación de precios para encontrar las mejores ofertas en vuelos y alojamiento. Herramientas como Skyscanner, Kayak y Trivago pueden ser útiles.
  - **Alertas de Precios:** Configura alertas de precios para recibir notificaciones cuando los precios bajen en los destinos y fechas que te interesan.

Alojamiento en Casas Rurales o Alquileres Temporales

- **Ventajas de Casas Rurales y Alquileres Temporales:**
  - **Costo Beneficioso:** Los alojamientos como casas rurales y alquileres temporales (como a través de Airbnb o Vrbo) pueden ser más económicos que los hoteles, especialmente si viajas con familia o amigos y puedes compartir costos.
  - **Espacio y Comodidades:** Estos alojamientos suelen ofrecer más espacio y comodidades, como una cocina completa, lo que te permite preparar tus propias comidas y ahorrar en restaurantes.
- **Consejos para Elegir Alojamiento:**
  - **Lee Reseñas:** Consulta las reseñas y calificaciones de otros huéspedes para asegurarte de que el alojamiento sea de buena calidad y cumpla con tus expectativas.
  - **Compara Opciones:** Compara diferentes opciones de alojamiento en términos de precio, ubicación y servicios incluidos para encontrar la mejor oferta.
- **Aprovecha Ofertas Especiales:**
  - **Descuentos por Estancia Prolongada:** Algunos propietarios ofrecen descuentos para estancias largas, así que considera esta opción si planeas una visita prolongada.

Con estos consejos, podrás disfrutar de una variedad de actividades de ocio y vacaciones sin sobrepasar tu presupuesto. La clave está en planificar con anticipación, buscar ofertas y aprovechar al máximo los recursos disponibles.

7. Ahorro en Moda y Compras Personales

La moda y las compras personales son áreas donde los gastos pueden acumularse rápidamente. Sin embargo, con algunas estrategias inteligentes, puedes mantener tu estilo y guardar dinero al mismo tiempo. A continuación, te ofrecemos consejos para ahorrar en moda y compras personales sin sacrificar tu estilo.

7.1. Comprar Ropa en Rebajas o Segunda Mano

Ventajas de Comprar Fuera de Temporada

- **Ahorro Significativo:** Comprar ropa fuera de temporada puede llevar a grandes descuentos. Los minoristas suelen reducir los precios para deshacerse del inventario de la temporada pasada, ofreciendo oportunidades para adquirir prendas a precios mucho más bajos.
- **Consejos para Comprar Fuera de Temporada:**
    - **Planifica con Anticipación:** Compra ropa de invierno en verano y ropa de verano en invierno para aprovechar los precios reducidos.
    - **Sigue las Rebajas:** Mantente atento a las fechas de rebajas y liquidaciones. Las principales rebajas en España suelen ser en enero (rebajas de invierno) y en julio (rebajas de verano).
- **Estrategias de Compra:**
    - **Compra Básicos:** Aprovecha las rebajas para comprar ropa básica y atemporal que podrás usar durante todo el año.
    - **Verifica la Calidad:** Asegúrate de que las prendas rebajadas sean de buena calidad y estén en buenas condiciones para evitar compras impulsivas que no durarán.

Tiendas de Segunda Mano en España

- **Beneficios de Comprar en Segunda Mano:** Comprar en tiendas de segunda mano o de consignación no solo es más económico, sino que también es una opción más sostenible. Muchas veces, puedes encontrar ropa de marcas conocidas a precios muy reducidos.
- **Dónde Encontrar Tiendas de Segunda Mano:**
  - **Tiendas Físicas:** En ciudades españolas, tiendas como Humana, Oxfam y tiendas de vintage ofrecen una amplia selección de ropa de segunda mano.
  - **Mercadillos y Ferias:** Explora mercadillos y ferias de ropa de segunda mano que suelen ofrecer una variedad de artículos a precios reducidos.
- **Consejos para Comprar en Segunda Mano:**
  - **Revisa los Artículos Cuidadosamente:** Examina cada prenda para asegurarte de que no tenga defectos o daños importantes.
  - **Lava y Desinfecta:** Lava las prendas antes de usarlas para garantizar su limpieza y frescura.

7.2. Intercambio de Ropa y Accesorios

Organizar Eventos de Intercambio

- **Beneficios del Intercambio de Ropa:** Organizar eventos de intercambio de ropa es una forma excelente de actualizar tu guardarropa sin gastar dinero. Puedes intercambiar prendas y accesorios que ya no usas por otros que te resulten más atractivos o necesarios.
- **Cómo Organizar un Evento de Intercambio:**
  - **Invita a Amigos y Familiares:** Organiza un evento en tu casa o en un lugar común y invita a amigos y familiares a participar.
  - **Define las Reglas:** Establece reglas claras sobre el tipo de ropa y accesorios aceptados, y cómo se llevará a cabo el intercambio (por ejemplo, cada persona puede llevar un número limitado de artículos).
  - **Prepara el Espacio:** Organiza un espacio donde los participantes puedan ver y probar las prendas. Considera crear áreas separadas para ropa de hombre, mujer y niños.
- **Consejos para un Intercambio Exitoso:**

- **Promueve el Evento:** Utiliza redes sociales o aplicaciones de mensajería para informar a más personas sobre el intercambio.
- **Ofrece Tips de Moda:** Proporciona recomendaciones sobre cómo combinar las prendas para que todos se sientan inspirados a probar nuevas combinaciones.

7.3. Evitar las Compras Impulsivas

Métodos para Reducir las Compras por Impulso

- **Impacto de las Compras Impulsivas:** Las compras impulsivas pueden desviar tu presupuesto y llevarte a adquirir artículos que no necesitas. Implementar estrategias para evitar compras impulsivas te ayudará a mantener tus finanzas bajo control y a hacer compras más conscientes.
- **Estrategias para Evitar Compras Impulsivas:**
    - **Haz Listas de Compras:** Antes de ir de compras, crea una lista de los artículos que realmente necesitas y apégate a ella.
    - **Establece un Presupuesto:** Define un presupuesto para tus compras de moda y sigue este límite para evitar gastos excesivos.
    - **Practica el Método de las 24 Horas:** Si ves algo que deseas comprar, espera 24 horas antes de tomar la decisión de comprarlo. Esto te dará tiempo para reflexionar si realmente lo necesitas.
    - **Evita Tiendas Online Tentadoras:** Desactiva notificaciones de tiendas online o suscríbete a boletines para evitar la tentación de comprar artículos que no necesitas.
- **Consejos para Compras Conscientes:**
    - **Evalúa la Necesidad:** Pregúntate si el artículo que estás considerando realmente mejora tu estilo o si es solo una compra momentánea.
    - **Investiga Antes de Comprar:** Compara precios y revisa la calidad antes de tomar una decisión final sobre una compra.

Con estos consejos, podrás gestionar mejor tus gastos en moda y compras personales, manteniendo tu estilo mientras ahorras dinero. La clave está en planificar, aprovechar las ofertas y tomar decisiones de compra más reflexivas.

8. Ahorro en Educación y Formación

La educación y la formación son inversiones valiosas, pero también pueden representar un gasto significativo. Sin embargo, hay muchas formas de reducir estos costos sin comprometer la calidad del aprendizaje. A continuación, te ofrecemos consejos prácticos para ahorrar en educación y formación, desde becas y ayudas hasta opciones de formación gratuita y gestión del material escolar.

8.1. Becas y Ayudas para Estudiantes

Información sobre Becas Disponibles en España

- **Becas del Ministerio de Educación y Formación Profesional:**
    - **Becas de Estudio:** Estas becas están dirigidas a estudiantes de niveles educativos desde la educación primaria hasta la universidad. Los criterios de elegibilidad y los requisitos varían según el tipo de beca, que puede incluir ayudas para matrícula, transporte y material escolar.
    - **Becas de Excelencia:** Algunas becas están destinadas a estudiantes con un rendimiento académico excepcional. A menudo, estas becas se otorgan en función de las calificaciones y otros logros académicos.
- **Becas Universitarias:**
    - **Becas por Necesidad Económica:** Muchas universidades y centros de educación superior ofrecen becas basadas en la necesidad económica. Consulta las páginas web de las universidades para conocer las oportunidades disponibles y los requisitos específicos.
    - **Becas de Investigación y Estudios de Postgrado:** Los estudiantes de posgrado y aquellos que buscan realizar investigaciones también pueden acceder a becas específicas. Investiga las becas ofrecidas por instituciones académicas, fundaciones y organizaciones de investigación.
- **Cómo Solicitar Becas:**
    - **Consulta Sitios Web Oficiales:** Visita sitios web oficiales como el del Ministerio de Educación, universidades y organizaciones educativas para obtener información actualizada sobre becas y ayudas.

- **Prepara Documentación Requerida:** Reúne la documentación necesaria, que puede incluir certificados académicos, justificantes de ingresos y cartas de motivación.
- **Cumple con Plazos:** Asegúrate de cumplir con los plazos de solicitud para no perder la oportunidad de obtener una beca.

8.2. Formación Online y Cursos Gratuitos

Plataformas de Formación Gratuita

- **MOOCs (Cursos Online Abiertos y Masivos):**
  - **Coursera:** Ofrece cursos gratuitos en una amplia variedad de disciplinas, con la opción de obtener certificados por una tarifa.
  - **edX:** Proporciona acceso a cursos gratuitos de universidades prestigiosas. Algunos cursos ofrecen certificados por una tarifa adicional.
  - **Khan Academy:** Proporciona recursos educativos gratuitos en áreas como matemáticas, ciencias y humanidades, ideales para estudiantes de todos los niveles.
- **Plataformas de Formación en Español:**
  - **Universidad de la Rioja - UNIR:** Ofrece cursos gratuitos en línea en áreas como tecnología, economía y ciencias sociales.
  - **España: Formación Online:** Esta plataforma ofrece cursos gratuitos y materiales educativos en diversos campos.
- **Recursos Educativos Abiertos (REA):**
  - **OpenStax:** Proporciona libros de texto gratuitos y recursos educativos en línea en áreas como matemáticas, ciencias y humanidades.
  - **OER Commons:** Una biblioteca de recursos educativos abiertos que ofrece materiales gratuitos para una variedad de disciplinas.
- **Consejos para Aprovechar la Formación Online:**
  - **Selecciona Cursos Relevantes:** Elige cursos que se alineen con tus intereses y objetivos profesionales o académicos.
  - **Participa Activamente:** Aprovecha foros de discusión y actividades interactivas para maximizar tu aprendizaje.

8.3. Material Escolar y Libros de Texto

Comprar Libros de Segunda Mano

- **Beneficios de Comprar Libros de Segunda Mano:**
    - **Ahorro Económico:** Los libros de texto de segunda mano suelen estar disponibles a precios significativamente reducidos en comparación con los nuevos.
    - **Sostenibilidad:** Comprar libros usados es una opción más sostenible y ecológica.
- **Dónde Comprar Libros de Segunda Mano:**
    - **Librerías de Segunda Mano:** Muchas ciudades tienen librerías que venden libros de texto usados. Busca en librerías locales o en mercados de segunda mano.
    - **Plataformas Online:** Sitios web como Wallapop, eBay y Amazon ofrecen libros de texto usados. Además, plataformas específicas como **SegundaMano** pueden ser útiles.
- **Consejos para Comprar Libros de Segunda Mano:**
    - **Verifica el Estado del Libro:** Asegúrate de que los libros estén en buen estado y que no falten páginas importantes.
    - **Compra Temprano:** Adquiere los libros antes del inicio del curso para tener tiempo de revisar el material y asegurarte de que es el correcto.

Intercambio de Libros entre Estudiantes

- **Beneficios del Intercambio de Libros:**
    - **Ahorro Adicional:** Intercambiar libros con otros estudiantes puede reducir los costos de adquisición de nuevos libros y es una solución práctica y económica.
    - **Fomenta la Colaboración:** El intercambio de libros también puede fortalecer la comunidad estudiantil y fomentar el apoyo mutuo entre compañeros.
- **Cómo Organizar el Intercambio de Libros:**
    - **Redes Sociales y Grupos Comunitarios:** Utiliza redes sociales y grupos comunitarios en línea para organizar intercambios de libros entre estudiantes.

- - **Eventos de Intercambio en Escuelas:** Algunas escuelas y universidades organizan eventos de intercambio de libros al inicio del año académico. Consulta con tu institución para saber si se ofrecen estas oportunidades.
- **Consejos para un Intercambio Exitoso:**
  - **Revisa los Libros Antes de Intercambiar:** Asegúrate de que los libros estén en buen estado antes de hacer el intercambio.
  - **Acuerda Condiciones Claras:** Establece términos claros sobre el estado de los libros y el proceso de intercambio para evitar malentendidos.

Con estos consejos, podrás optimizar tus gastos en educación y formación, asegurando acceso a recursos valiosos sin comprometer tu presupuesto. La clave es aprovechar las oportunidades disponibles y ser proactivo en la búsqueda de ayudas y recursos educativos.

9. Ahorro en Salud y Bienestar

Mantener una buena salud y bienestar es fundamental, pero no tiene que ser caro. Con estrategias inteligentes, puedes cuidar de tu salud sin poner en riesgo tus finanzas. Aquí te presentamos consejos prácticos para ahorrar en alimentación saludable, ejercicio y medicinas, asegurando una vida saludable a precios razonables.

9.1. Alimentación Saludable y Económica

Consejos para Mantener una Dieta Equilibrada sin Gastar Mucho

- **Planificación de Menús:**
  - **Elabora un Plan Semanal:** Planificar tus comidas semanalmente te ayudará a evitar compras impulsivas y a utilizar los ingredientes de manera más eficiente. Considera hacer un menú que incluya una variedad de alimentos nutritivos.
  - **Haz una Lista de Compras:** Basada en tu menú semanal, elabora una lista de compras y cíñete a ella para evitar comprar productos innecesarios.
- **Compra Inteligente:**

- **Compra a Granel:** Adquirir productos no perecederos, como legumbres, arroz y pasta, a granel puede ser más económico y reducir el costo por unidad.
- **Elige Productos de Temporada:** Los productos frescos de temporada suelen ser más baratos y sabrosos. Aprovecha las ofertas y descuentos en frutas y verduras de temporada.

- **Cocina en Casa:**
  - **Preparación Casera:** Cocinar en casa en lugar de comer fuera no solo es más económico, sino que también te permite controlar los ingredientes y las porciones. Prepara platos sencillos y saludables como sopas, ensaladas y guisos.
  - **Congela Sobras:** Cocina grandes cantidades y congela las sobras para ahorrar tiempo y dinero en comidas futuras.
- **Utiliza Cupones y Ofertas:**
  - **Cupones de Descuento:** Usa cupones y busca ofertas en supermercados para reducir el costo de tus compras de alimentos.
  - **Programas de Recompensas:** Regístrate en programas de recompensas y fidelización en supermercados para obtener descuentos adicionales y promociones especiales.

9.2. Ejercicio en Casa o al Aire Libre

Rutinas de Ejercicio Sin Necesidad de un Gimnasio

- **Ejercicio en Casa:**
  - **Rutinas Básicas:** Puedes realizar ejercicios efectivos en casa utilizando tu propio peso corporal. Ejemplos incluyen flexiones, sentadillas, abdominales y burpees. Estas rutinas no requieren equipo especial y pueden adaptarse a tu nivel de condición física.
  - **Recursos en Línea:** Aprovecha videos y aplicaciones gratuitas de entrenamiento. Plataformas como YouTube ofrecen una amplia gama de rutinas de ejercicio para todos los niveles y objetivos.
- **Ejercicio al Aire Libre:**

- **Caminatas y Correr:** Salir a caminar o correr en parques o en tu vecindario es una excelente forma de hacer ejercicio y disfrutar del aire libre sin costo alguno.
- **Actividades en Grupo:** Participa en actividades deportivas comunitarias o grupos de running locales que a menudo se organizan sin costo o a bajo costo.

- **Entrenamientos con Equipos Caseros:**
  - **Utiliza Objetos de la Casa:** Utiliza objetos de la casa como sillas, botellas de agua y bandas elásticas para realizar ejercicios de resistencia y tonificación.
  - **Ejercicios de Flexibilidad:** Practica yoga o estiramientos utilizando una alfombra o una colchoneta para mejorar la flexibilidad y la fuerza sin necesidad de equipo costoso.

9.3. Medicamentos y Salud

Comprar Medicamentos Genéricos

- **Ventajas de los Medicamentos Genéricos:**
  - **Costo Reducido:** Los medicamentos genéricos suelen ser significativamente más baratos que sus equivalentes de marca, pero tienen la misma eficacia y calidad.
  - **Disponibilidad:** Los medicamentos genéricos están disponibles en la mayoría de las farmacias y son aprobados por las autoridades de salud para asegurar su seguridad.
- **Consejos para Comprar Medicamentos Genéricos:**
  - **Consulta a tu Médico o Farmacéutico:** Habla con tu médico o farmacéutico sobre la posibilidad de usar genéricos en lugar de marcas. Ellos pueden ayudarte a identificar opciones más económicas.
  - **Comparar Precios:** Utiliza aplicaciones y sitios web de comparación de precios para encontrar las farmacias que ofrecen los medicamentos genéricos a los mejores precios.

Aprovechar la Sanidad Pública

- **Servicios de Sanidad Pública:**
    - **Cobertura Básica:** En España, el Sistema Nacional de Salud (SNS) ofrece atención médica gratuita o a bajo costo para residentes, cubriendo consultas, tratamientos y hospitalización.
    - **Prevención y Salud Pública:** Aprovecha los servicios preventivos ofrecidos por el SNS, como chequeos médicos, vacunas y programas de salud pública.
- **Cómo Utilizar la Sanidad Pública Eficazmente:**
    - **Solicita Información:** Infórmate sobre los servicios y coberturas disponibles en tu centro de salud local o en la página web del SNS.
    - **Agenda Citas:** Programa tus citas médicas con antelación y sigue las recomendaciones médicas para mantenerte en buen estado de salud.
- **Medicamentos Recetados:**
    - **Recetas Farmacéuticas:** Los medicamentos recetados pueden estar cubiertos en parte por el SNS. Consulta con tu médico sobre la cobertura de medicamentos y las opciones más económicas.

Con estos consejos, podrás cuidar tu salud y bienestar sin comprometer tu presupuesto. La clave está en hacer elecciones informadas y aprovechar los recursos disponibles para mantener una vida saludable y equilibrada.

10. Ahorro en Tecnología y Comunicaciones

La tecnología y las comunicaciones son esenciales en la vida moderna, pero los costos asociados pueden ser altos si no se gestionan adecuadamente. Con algunos ajustes y estrategias inteligentes, puedes reducir significativamente tus gastos en este ámbito. Aquí te presentamos consejos prácticos para ahorrar en tarifas de internet y móvil, reparar tus dispositivos y utilizar la tecnología de manera eficiente.

10.1. Comparar Tarifas de Internet y Móvil

Aplicaciones para Comparar y Cambiar Tarifas

- **Ventajas de Comparar Tarifas:**

- **Ahorro Económico:** Comparar tarifas te permite encontrar la oferta que mejor se ajusta a tus necesidades y presupuesto. Las tarifas de internet y móvil pueden variar significativamente entre proveedores.
  - **Mejorar el Servicio:** Al comparar, también puedes encontrar ofertas que ofrecen una mejor velocidad de internet o más minutos y datos móviles por el mismo precio.
- **Aplicaciones y Herramientas para Comparar Tarifas:**
  - **Comparadores de Tarifas:** Utiliza comparadores de tarifas en línea como **Kelisto**, **Rastreator** o **HelpMyCash**. Estas herramientas permiten comparar precios, servicios y características de diferentes proveedores de telecomunicaciones en España.
  - **Aplicaciones de Comparación:** Algunas aplicaciones móviles también ofrecen servicios de comparación de tarifas y promociones especiales, como **Ting** y **Roams**. Descárgalas para comparar y encontrar las mejores ofertas.
- **Consejos para Cambiar de Proveedor:**
  - **Revisa el Contrato Actual:** Antes de cambiar, revisa los términos de tu contrato actual, incluyendo posibles penalizaciones por cancelación anticipada.
  - **Consulta Ofertas Exclusivas:** Pregunta a los proveedores si tienen ofertas exclusivas para nuevos clientes o si puedes obtener un descuento adicional al hacer el cambio.
  - **Negocia con tu Proveedor Actual:** A veces, negociar directamente con tu proveedor actual puede resultar en una mejor tarifa sin necesidad de cambiar de compañía.

10.2. Reparación de Dispositivos

Cómo Arreglar Gadgets Uno Mismo

- **Ventajas de la Reparación Casera:**
  - **Ahorro en Costos de Reparación:** Reparar tus propios dispositivos puede ahorrarte el costo de la mano de obra y las tarifas de reparación en tiendas especializadas.

- o **Desarrollo de Habilidades:** Aprender a reparar gadgets te proporciona habilidades útiles y te da una mayor comprensión del funcionamiento de tus dispositivos.
- **Consejos para Reparar Dispositivos:**
  - o **Tutoriales en Línea:** Utiliza tutoriales en video y guías paso a paso disponibles en plataformas como **YouTube** o sitios especializados como **iFixit**. Estos recursos proporcionan instrucciones detalladas sobre cómo reparar una amplia gama de dispositivos.
  - o **Herramientas Básicas:** Asegúrate de tener las herramientas necesarias para la reparación, como destornilladores pequeños, pinzas y herramientas de apertura. Compra un kit de herramientas de reparación si es necesario.
  - o **Compra Repuestos:** Compra repuestos de calidad para asegurar que la reparación sea duradera. Busca proveedores de piezas de repuesto en línea que ofrezcan precios competitivos.
- **Precauciones al Reparar:**
  - o **Seguridad Primero:** Desconecta siempre el dispositivo de la corriente y maneja las partes internas con cuidado para evitar daños adicionales.
  - o **Garantía:** Si tu dispositivo aún está en garantía, verifica las condiciones antes de intentar repararlo por ti mismo, ya que esto podría anular la garantía.

10.3. Uso Eficiente de Tecnología

Consejos para Prolongar la Vida Útil de los Dispositivos

- **Mantenimiento Regular:**
  - o **Actualizaciones de Software:** Mantén tus dispositivos actualizados con las últimas versiones de software y sistema operativo. Las actualizaciones a menudo incluyen mejoras de seguridad y rendimiento que pueden prolongar la vida útil de tus gadgets.
  - o **Limpieza y Cuidado:** Limpia regularmente tus dispositivos para evitar la acumulación de polvo y suciedad. Usa paños suaves y productos específicos para limpiar pantallas y teclados sin dañar los componentes.
- **Uso Adecuado de la Batería:**

- o **Carga y Descarga:** Evita cargar tu dispositivo al 100% y descargarlo completamente con frecuencia. La mayoría de las baterías de dispositivos funcionan mejor si se mantienen entre el 20% y el 80% de carga.
  - o **Configuraciones de Ahorro de Energía:** Utiliza las configuraciones de ahorro de energía en tu dispositivo para prolongar la duración de la batería, como ajustar el brillo de la pantalla o desactivar funciones no utilizadas.
- **Protección Física:**
  - o **Fundas y Protectores:** Utiliza fundas y protectores para proteger tus dispositivos de caídas y golpes. Los protectores de pantalla pueden prevenir arañazos y daños en la pantalla.
  - o **Ambiente Controlado:** Evita exponer tus dispositivos a temperaturas extremas y a ambientes húmedos que pueden causar daños a largo plazo.
- **Copia de Seguridad:**
  - o **Backup Regular:** Realiza copias de seguridad regulares de tus datos para evitar la pérdida de información en caso de fallo del dispositivo. Utiliza servicios en la nube o dispositivos de almacenamiento externo para mantener una copia segura de tus archivos importantes.

Implementando estos consejos, podrás reducir los costos asociados con la tecnología y las comunicaciones, al mismo tiempo que mantienes tus dispositivos en buen estado y operativos por más tiempo. La clave es ser proactivo en la gestión de tus tarifas, aprender a realizar reparaciones básicas y cuidar adecuadamente tus gadgets.

11. Ahorro en Familia y Niños

Cuidar y educar a los niños, al mismo tiempo que se mantiene un hogar familiar, puede ser costoso. Sin embargo, con estrategias inteligentes, puedes disfrutar de actividades familiares, cuidar a tus hijos y gestionar sus necesidades sin gastar en exceso. A continuación, te ofrecemos consejos prácticos para ahorrar en actividades familiares, cuidado de niños y compras de ropa y juguetes.

11.1. Actividades Familiares de Bajo Costo

Ideas para Disfrutar en Familia sin Gastar Mucho

- **Explora Espacios Naturales:**
  - **Paseos y Senderismo:** Visita parques, playas, y senderos naturales cerca de tu localidad. Estas actividades al aire libre son gratuitas y proporcionan oportunidades para disfrutar de la naturaleza y hacer ejercicio.
  - **Picnic en el Parque:** Prepara un picnic y disfruta de una comida al aire libre en un parque local. Es una forma económica de pasar tiempo juntos y disfrutar de la comida casera.
- **Actividades en Casa:**
  - **Noche de Cine en Casa:** Organiza una noche de cine en casa con películas y palomitas. Puedes alquilar películas en línea o utilizar servicios de streaming para disfrutar de una película familiar.
  - **Juegos de Mesa y Manualidades:** Dedica tiempo a jugar a juegos de mesa o realizar manualidades juntos. Estos juegos fomentan la creatividad y el trabajo en equipo sin necesidad de comprar nuevos juguetes.
- **Eventos Comunitarios y Locales:**
  - **Eventos Gratuitos:** Participa en eventos gratuitos organizados por tu comunidad, como ferias, festivales y actividades en centros culturales. Estos eventos a menudo ofrecen entretenimiento y actividades para toda la familia.
  - **Bibliotecas y Centros Culturales:** Las bibliotecas públicas suelen ofrecer actividades y eventos gratuitos para niños y familias, como cuentacuentos y talleres creativos.
- **Voluntariado en Familia:**
  - **Actividades de Voluntariado:** Participar en actividades de voluntariado en familia puede ser una forma significativa y económica de pasar tiempo juntos mientras contribuyes a tu comunidad.

11.2. Ahorro en Cuidado de Niños

Alternativas a la Guardería

- **Compartir Niñera:**
    - **Acuerdo de Cuidado Compartido:** Considera compartir una niñera con otras familias. Este enfoque reduce el costo total del cuidado infantil, ya que se divide entre varias familias.
    - **Cooperativas de Cuidado Infantil:** Explora la posibilidad de unirte a una cooperativa de cuidado infantil, donde los padres se turnan para cuidar a los niños, reduciendo así el gasto en servicios externos.
- **Red de Apoyo Familiar y Amigos:**
    - **Cuidado por Familiares:** Pide ayuda a familiares y amigos para cuidar a los niños en momentos clave. Los abuelos, tíos y amigos cercanos pueden estar dispuestos a ayudar de forma ocasional o regular.
    - **Intercambio de Servicios:** Establece un intercambio de servicios con otros padres, donde ofreces cuidar a sus hijos a cambio de que ellos cuiden de los tuyos.
- **Programas y Subsidios Públicos:**
    - **Subsidios y Ayudas:** Investiga las ayudas y subsidios disponibles para el cuidado de los niños proporcionados por el gobierno o entidades locales. En España, existen programas de apoyo a familias con hijos que pueden ayudar a reducir los costos de cuidado infantil.

11.3. Ropa y Juguetes

Comprar de Segunda Mano o Intercambiar

- **Comprar Ropa de Segunda Mano:**
    - **Tiendas de Segunda Mano y Mercadillos:** Visita tiendas de segunda mano y mercadillos para encontrar ropa infantil a precios reducidos. Muchas veces, la ropa en estas tiendas está en excelente estado.
    - **Plataformas Online:** Utiliza plataformas en línea como **Wallapop**, **Vinted** y **eBay** para comprar ropa de segunda mano. Estas plataformas permiten encontrar prendas a precios económicos y a menudo en buen estado.
- **Intercambio de Ropa y Juguetes:**

- **Organiza Intercambios:** Organiza eventos de intercambio de ropa y juguetes con otros padres. Estos eventos permiten intercambiar artículos que ya no se usan, reduciendo la necesidad de comprar nuevos.
- **Grupos Comunitarios y Redes Sociales:** Únete a grupos comunitarios en redes sociales donde los padres intercambian o venden ropa y juguetes de segunda mano. Estas comunidades suelen tener buenas ofertas y oportunidades para ahorrar.

- **Compra de Juguetes Económicos:**
    - **DIY y Manualidades:** Considera hacer juguetes caseros o manualidades con materiales reciclados. Hay muchas ideas creativas para hacer juguetes en casa utilizando cosas que ya tienes.
    - **Ofertas y Descuentos:** Compra juguetes durante las rebajas y ofertas especiales. Aprovecha descuentos en tiendas y en línea para adquirir juguetes a precios más bajos.
- **Cuidado de Ropa y Juguetes:**
    - **Mantenimiento Adecuado:** Mantén la ropa y los juguetes en buen estado para prolongar su vida útil. Lava la ropa con cuidado y repara juguetes dañados cuando sea posible.

Con estos consejos, podrás gestionar los gastos relacionados con la familia y los niños de manera efectiva, permitiéndote disfrutar de momentos de calidad sin comprometer tu presupuesto. La clave está en buscar alternativas económicas y aprovechar al máximo los recursos disponibles.

12. Ahorro en Mascotas

Tener una mascota es una experiencia gratificante, pero también puede implicar gastos significativos en alimentación, cuidados veterinarios y otros aspectos. Con estrategias adecuadas, puedes cuidar de tu mascota de manera económica sin sacrificar su bienestar. A continuación, te ofrecemos consejos prácticos para ahorrar en alimentación, cuidados veterinarios y seguros para mascotas.

12.1. Alimentación y Cuidados

Comprar Comida para Mascotas a Granel

- **Ventajas de Comprar a Granel:**
    - **Reducción de Costos:** Comprar comida para mascotas a granel puede ser más económico que comprar paquetes individuales. Los descuentos por compras a granel suelen ser significativos.
    - **Menos Envases:** Al optar por alimentos a granel, reduces la cantidad de envases y empaques, lo cual es beneficioso para el medio ambiente.
- **Dónde Comprar a Granel:**
    - **Tiendas Especializadas:** Busca tiendas especializadas en alimentos para mascotas que ofrezcan opciones a granel. Algunas tiendas tienen programas de fidelización que ofrecen descuentos adicionales.
    - **Compras Online:** Investiga tiendas en línea que ofrecen precios competitivos para la compra a granel de alimentos para mascotas. Plataformas como **Zooplus** y **Amazon** pueden tener buenas ofertas.
- **Preparación Casera:**
    - **Recetas Caseras:** Consulta con tu veterinario sobre la posibilidad de preparar comida casera para tu mascota. Puedes cocinar en casa utilizando ingredientes económicos y saludables, siempre siguiendo las recomendaciones nutricionales adecuadas.

Hacer Juguetes Caseros

- **Ventajas de los Juguetes Caseros:**
    - **Costo Reducido:** Los juguetes caseros suelen ser mucho más económicos que los comprados en tiendas. Puedes reutilizar materiales que ya tienes en casa.
    - **Estimulación Mental:** Los juguetes caseros pueden proporcionar estimulación mental y física a tu mascota, ayudando a mantenerla entretenida y feliz.
- **Ideas para Juguetes Caseros:**
    - **Juguetes con Material Reciclado:** Utiliza materiales reciclados como botellas de plástico vacías, cajas de cartón o viejos calcetines para crear juguetes. Por ejemplo, puedes hacer una bola con una botella de plástico para que tu perro la empuje y juegue.

- **Juguetes de Tela:** Confecciona juguetes de tela utilizando retales y costura básica. Los juguetes de tela pueden ser rellenados con material blando y pueden servir para masticar y jugar.
- **Beneficios de los Juguetes Caseros:**
  - **Personalización:** Puedes adaptar los juguetes a las preferencias y necesidades específicas de tu mascota.
  - **Creatividad:** Hacer tus propios juguetes fomenta la creatividad y el uso eficiente de recursos en tu hogar.

12.2. Veterinarios y Seguros

Buscar Clínicas Veterinarias Económicas

- **Encontrar Servicios Veterinarios Asequibles:**
  - **Clínicas Comunitarias:** Investiga si existen clínicas veterinarias comunitarias o asociaciones locales que ofrecen servicios a precios reducidos. Algunas organizaciones sin fines de lucro brindan atención veterinaria a bajo costo.
  - **Programas de Ayuda:** Muchas organizaciones y refugios para animales tienen programas de ayuda para cubrir gastos veterinarios. Consulta con ellos para obtener recomendaciones.
- **Comparar Tarifas:**
  - **Consultar Presupuestos:** Pide presupuestos en varias clínicas veterinarias para comparar precios de servicios básicos como consultas, vacunaciones y procedimientos comunes.
  - **Ofertas y Descuentos:** Pregunta por ofertas especiales o descuentos en servicios veterinarios. Algunas clínicas ofrecen descuentos en tratamientos para nuevos clientes o programas de fidelización.
- **Cuidado Preventivo:**
  - **Vacunación y Desparasitación:** Mantén al día las vacunas y el programa de desparasitación de tu mascota para evitar problemas de salud graves que podrían resultar en costos altos.
  - **Revisiones Regulares:** Realiza revisiones regulares para detectar problemas de salud antes de que se conviertan en condiciones costosas de tratar.

Considerar un Seguro para Mascotas

- **Beneficios del Seguro para Mascotas:**
  - **Cobertura de Gastos Veterinarios:** Un seguro para mascotas puede ayudar a cubrir gastos inesperados de atención veterinaria, reduciendo el impacto financiero de tratamientos costosos.
  - **Tranquilidad:** Ofrece tranquilidad al saber que tienes una red de apoyo financiera para cubrir emergencias y cuidados médicos.
- **Cómo Elegir un Seguro:**
  - **Comparar Planes:** Investiga y compara diferentes planes de seguros para mascotas. Considera la cobertura, el costo de la prima y las exclusiones para encontrar el plan que mejor se ajuste a tus necesidades.
  - **Leer Opiniones:** Revisa opiniones y experiencias de otros propietarios de mascotas para evaluar la calidad del servicio y la satisfacción con la compañía de seguros.
- **Opciones de Cobertura:**
  - **Cobertura Básica vs. Completa:** Evalúa si prefieres una cobertura básica para emergencias y accidentes, o una cobertura más completa que incluya enfermedades crónicas y cuidados preventivos.
  - **Deductibles y Límites:** Asegúrate de entender los deducibles, límites de cobertura y las condiciones de reembolso antes de contratar un seguro.

Con estos consejos, podrás gestionar los gastos relacionados con el cuidado de tu mascota de manera eficiente, asegurando su bienestar y felicidad sin comprometer tu presupuesto. La clave está en buscar alternativas económicas y hacer elecciones informadas para mantener a tu compañero peludo en óptimas condiciones.

13. Ahorro en Celebraciones y Regalos

Celebraciones y regalos son parte esencial de la vida social y familiar, pero estos eventos pueden rápidamente convertirse en gastos significativos si no se planifican adecuadamente. A continuación, te ofrecemos estrategias para ahorrar en la organización de celebraciones y en la compra de regalos, sin sacrificar la calidad ni la creatividad.

13.1. Celebraciones en Casa

Consejos para Organizar Fiestas en Casa

- **Planificación y Presupuesto:**
    - **Establece un Presupuesto:** Antes de comenzar a planificar, decide cuánto estás dispuesto a gastar en la celebración. Esto te ayudará a tomar decisiones informadas y a evitar gastos innecesarios.
    - **Planifica con Anticipación:** Cuanto antes comiences a planificar, más opciones tendrás para ajustar el presupuesto y encontrar ofertas. La planificación anticipada también te da tiempo para organizar todos los detalles sin prisas.
- **Decoración Económica:**
    - **Hazlo Tú Mismo:** Crea decoraciones caseras utilizando materiales que ya tienes en casa. Por ejemplo, puedes hacer guirnaldas con papel de colores o banderines con tela reciclada.
    - **Compra en Tiendas de Dólares o Mayoristas:** Las tiendas de descuento y mayoristas ofrecen decoraciones a precios reducidos. Aprovecha estas opciones para comprar lo esencial sin gastar demasiado.
- **Comida y Bebida:**
    - **Preparaciones Caseras:** Cocina en casa en lugar de comprar comida preparada. Puedes preparar una variedad de aperitivos y platos principales que sean económicos y deliciosos.
    - **Buffet en Lugar de Servicio de Platos:** Organiza un buffet con una selección de comidas en lugar de servir platos individuales. Esto no solo es más económico, sino que también facilita la logística durante el evento.
- **Invitados y Actividades:**
    - **Lista de Invitados Controlada:** Mantén la lista de invitados manejable para evitar gastos excesivos en comida y bebidas. Considera invitar solo a amigos cercanos y familiares.

- **Juegos y Actividades Caseras:** Organiza juegos y actividades que no requieran gastos adicionales, como juegos de mesa, concursos o trivias. Utiliza la creatividad para mantener a los invitados entretenidos sin gastar mucho.

13.2. Regalos Hechos a Mano

Ideas para Regalos Personalizados y Económicos

- **Regalos de Cocina:**
  - **Galletas y Conservas Caseras:** Prepara galletas, mermeladas o conservas en casa y decora los frascos con etiquetas personalizadas. Estos regalos no solo son económicos, sino que también muestran un toque personal y cuidadoso.
  - **Especias y Mezclas de Cocina:** Crea mezclas de especias o kits para hacer pan en casa y envuélvelos en frascos decorativos. Son regalos prácticos y apreciados por quienes disfrutan de la cocina.
- **Manualidades Personalizadas:**
  - **Álbumes de Fotos o Scrapbooking:** Diseña y crea álbumes de fotos personalizados o proyectos de scrapbooking que capturen momentos especiales. Puedes hacer estos regalos utilizando materiales que ya tengas en casa.
  - **Joyería Hecha a Mano:** Si tienes habilidades para la joyería, considera hacer collares, pulseras o pendientes personalizados. Los materiales básicos para hacer joyas suelen ser económicos y te permiten crear piezas únicas.
- **Regalos para el Hogar:**
  - **Velas Caseras:** Elabora velas aromáticas en casa utilizando cera, mechas y aceites esenciales. Son regalos útiles y pueden ser personalizadas en cuanto a fragancia y diseño.
  - **Decoraciones para el Hogar:** Crea decoraciones para el hogar como cojines, manteles o cuadros pintados a mano. Utiliza telas y materiales que tengas disponibles para mantener los costos bajos.

13.3. Comprar Regalos con Antelación

Aprovechar Ofertas y Rebajas Durante el Año

- **Compras Anticipadas:**
  - **Planifica con Anticipación:** Elabora una lista de las personas para las que necesitas comprar regalos y busca ofertas durante todo el año. Comprar regalos con antelación te permite aprovechar descuentos y evitar la presión de las compras de última hora.
  - **Aprovecha Rebajas y Ofertas:** Estate atento a las rebajas estacionales, como el Black Friday, las rebajas de verano e invierno, y las ventas de fin de temporada. Estas ofertas suelen ofrecer descuentos significativos en una amplia gama de productos.
- **Utiliza Plataformas de Descuento:**
  - **Cupones y Ofertas Online:** Busca cupones y ofertas en sitios web especializados como **Cuponation** o **RetailMeNot** antes de realizar una compra. Muchas tiendas en línea ofrecen descuentos adicionales mediante códigos promocionales.
  - **Suscripciones a Boletines:** Suscríbete a los boletines de tus tiendas favoritas para recibir información sobre ofertas exclusivas y descuentos especiales. Algunas tiendas ofrecen descuentos adicionales a los suscriptores de sus correos electrónicos.
- **Compra en Tiendas de Outlet:**
  - **Visita Outlets:** Las tiendas outlet y de descuento ofrecen productos de marcas conocidas a precios reducidos. Esto es ideal para encontrar regalos de calidad a precios más bajos.
- **Considera Regalos Multipropósito:**
  - **Regalos que Se Adaptan a Diferentes Ocasiones:** Opta por regalos que puedan ser utilizados en diferentes ocasiones, como tarjetas de regalo o productos de uso general. Esto te permite hacer compras anticipadas sin preocuparte por fechas específicas.

Implementando estos consejos, podrás disfrutar de celebraciones memorables y encontrar regalos significativos sin exceder tu presupuesto. La clave está en la planificación, la creatividad y la búsqueda de oportunidades de ahorro durante todo el año.

14. Recursos y Herramientas

Aprovechar los recursos y herramientas disponibles puede ser clave para lograr un ahorro efectivo y gestionado. En esta sección, te proporcionamos una guía sobre aplicaciones, blogs, canales de YouTube y comunidades en línea que te ayudarán a optimizar tu ahorro y aprender más sobre cómo mejorar tus finanzas personales.

14.1. Apps para Ahorrar Dinero

Las aplicaciones móviles se han convertido en herramientas esenciales para gestionar el dinero y encontrar oportunidades de ahorro. Aquí tienes algunas aplicaciones útiles para el ahorro en España:

- **Fintonic:**
    - **Descripción:** Esta aplicación te ayuda a controlar tus gastos y crear un presupuesto. Ofrece alertas sobre gastos inusuales y recomendaciones para optimizar tus finanzas.
    - **Características Clave:** Análisis automático de gastos, alertas personalizadas, informes financieros.
- **Bnext:**
    - **Descripción:** Bnext es una plataforma de banca digital que ofrece una cuenta sin comisiones y una tarjeta con la que puedes obtener descuentos en diferentes comercios.
    - **Características Clave:** Sin comisiones, descuentos exclusivos, control de gastos en tiempo real.
- **Revolut:**
    - **Descripción:** Revolut es una app de banca y gestión financiera que ofrece una cuenta sin comisiones, cambio de divisas sin tarifas y herramientas de presupuestación.
    - **Características Clave:** Cambio de divisas sin tarifas, herramientas de ahorro, control de gastos.
- **Monefy:**

- **Descripción:** Monefy es una aplicación de gestión de gastos que te ayuda a llevar un seguimiento de tus finanzas de manera sencilla y visual.
- **Características Clave:** Interfaz intuitiva, informes gráficos, categorización de gastos.
- Cuanto:
    - **Descripción:** Cuanto es una app española que permite comparar precios de productos y encontrar las mejores ofertas en supermercados cercanos.
    - **Características Clave:** Comparación de precios, alertas de ofertas, búsqueda por productos.
- Descuentocity:
    - **Descripción:** Ofrece una amplia variedad de cupones y descuentos para tiendas y restaurantes en España.
    - **Características Clave:** Cupones de descuento, ofertas en restaurantes, búsqueda por ubicación.

14.2. Blogs y Canales de YouTube de Ahorro

Para profundizar en estrategias de ahorro y finanzas personales, explorar blogs y canales de YouTube especializados puede ser muy útil. Aquí tienes algunos recursos destacados:

- **Blogs de Ahorro:**
    - Economía Doméstica: Blog centrado en el ahorro y la gestión del dinero en el hogar, con consejos prácticos para reducir gastos y optimizar el presupuesto familiar.
    - Mi Ahorro: Proporciona información sobre cómo ahorrar en diferentes áreas, desde la alimentación hasta el hogar, y consejos para mejorar la salud financiera.
    - Ahorro y Finanzas: Blog que ofrece guías, comparativas y estrategias para gestionar mejor el dinero y encontrar oportunidades de ahorro.
- **Canales de YouTube de Ahorro:**
    - Gustavo Bueso: Canal con consejos sobre ahorro, inversiones y finanzas personales. Gustavo comparte estrategias para mejorar la salud financiera.

- **Economía y Finanzas para Todos:** Ofrece contenido educativo sobre economía, ahorro e inversiones, ideal para quienes desean aprender más sobre la gestión del dinero.
- **Sergio Fernández:** Presenta temas de finanzas personales, ahorro e inversiones, con un enfoque práctico y accesible.

14.3. Grupos y Foros de Ahorro en España

Participar en comunidades en línea puede proporcionar apoyo, consejos adicionales y oportunidades para compartir experiencias. Aquí tienes algunos grupos y foros donde puedes interactuar con otros interesados en el ahorro:

- **Foro de Finanzas de Rankia:**
    - **Descripción:** Un foro en español dedicado a temas financieros donde los usuarios comparten consejos sobre ahorro, inversiones y gestión de dinero.
    - **Ventajas:** Interacción con expertos y usuarios, discusiones sobre productos financieros y estrategias de ahorro.
- **Foro de Ahorro y Finanzas en Kiosko.net:**
    - **Descripción:** Foro donde los usuarios pueden discutir sobre diversas formas de ahorro, compartir tips y experiencias, y recibir consejos de otros miembros de la comunidad.
    - **Ventajas:** Comunidad activa, intercambio de consejos y estrategias de ahorro.
- **Grupo de Facebook "Ahorro y Finanzas Personales":**
    - **Descripción:** Grupo de Facebook dedicado a la discusión de temas relacionados con el ahorro y la gestión de finanzas personales en España.
    - **Ventajas:** Consejos de miembros, discusiones sobre productos financieros, oportunidades para preguntar y recibir ayuda.
- **Reddit: r/FinanzasPersonalesES:**
    - **Descripción:** Subreddit en español donde se discuten temas relacionados con finanzas personales, ahorro y planificación financiera.
    - **Ventajas:** Comunidad internacional con experiencia variada, espacio para hacer preguntas y recibir respuestas de otros usuarios.

Explorar y utilizar estos recursos te ayudará a mejorar tu capacidad para ahorrar, gestionar tu dinero de manera más eficiente y estar al tanto de las mejores prácticas en finanzas personales. La clave está en estar informado y aprovechar las herramientas disponibles para optimizar tus estrategias de ahorro.

15. Conclusión

En esta última sección, reflexionaremos sobre la importancia de la constancia en el ahorro y te ofreceremos unas palabras de motivación para inspirarte a implementar los consejos aprendidos en tu vida diaria.

15.1. Reflexión Final

El ahorro es más que una simple estrategia financiera; es una habilidad vital que puede transformar tu vida y proporcionar una sensación de seguridad y libertad. A lo largo de este libro, hemos explorado diversas formas de ahorrar dinero en diferentes aspectos de tu vida, desde la vivienda y la alimentación hasta el ocio y los regalos.

La **constancia** es clave cuando se trata de ahorro. No se trata solo de aplicar los consejos que hemos discutido, sino de integrarlos en tu rutina diaria. El ahorro eficaz requiere:

- **Disciplina:** Mantén el enfoque en tus objetivos financieros y haz del ahorro un hábito. La implementación continua de pequeñas estrategias de ahorro puede llevar a grandes resultados a largo plazo.
- **Revisión Regular:** Evalúa tu progreso y ajusta tus métodos según sea necesario. Los gastos y las prioridades cambian, y es importante adaptarse a estas variaciones.
- **Paciencia:** El ahorro no siempre produce resultados inmediatos. Es un proceso gradual que recompensa a aquellos que permanecen comprometidos con sus objetivos financieros.

Recuerda que el ahorro no se trata de restringir tu vida, sino de liberarte de preocupaciones financieras para disfrutar de una vida más plena y sin estrés. Cada pequeño esfuerzo cuenta y contribuye a un futuro más seguro y estable.

15.2. Palabras de Motivación

Ahora que has recorrido este viaje hacia el ahorro, es momento de tomar acción y poner en práctica lo aprendido. Implementar estos consejos en tu vida diaria no solo mejorará tu situación financiera, sino que también te permitirá disfrutar de una mayor tranquilidad y libertad.

- **Empieza Pequeño:** No necesitas hacer cambios drásticos de inmediato. Comienza con pasos pequeños y manejables. Incluso una reducción modesta en tus gastos puede marcar una gran diferencia con el tiempo.
- **Sé Persistente:** Habrá momentos en los que puede ser tentador volver a viejos hábitos. Mantén la motivación recordando tus metas y el propósito de tus esfuerzos de ahorro.
- **Celebra los Logros:** Reconoce y celebra tus éxitos, grandes y pequeños. Cada logro es un paso hacia una mayor estabilidad financiera y un reflejo de tu dedicación.

Implementar estos consejos puede parecer desafiante al principio, pero con el tiempo te acostumbrarás a nuevas rutinas que te ayudarán a alcanzar tus objetivos financieros. La clave es seguir adelante y recordar que cada esfuerzo cuenta.

¡Haz de tu camino hacia el ahorro una aventura emocionante y gratificante! Aprovecha las herramientas y estrategias que has descubierto y aplica tu creatividad para encontrar soluciones que se adapten a tu estilo de vida. No estás solo en este viaje, y cada paso que des te acerca a un futuro más seguro y financiero.

Gracias por acompañarnos en esta guía. Te deseamos mucho éxito en tu camino hacia una vida más económica y enriquecedora.

16. Apéndices

Esta sección proporciona recursos adicionales que te ayudarán a implementar y gestionar los consejos aprendidos en el libro. Incluye plantillas prácticas, recursos legales y financieros, y un glosario de términos financieros para clarificar conceptos clave.

16.1. Plantillas de Presupuesto

Las plantillas de presupuesto son herramientas valiosas para mantener un control preciso de tus ingresos y gastos. A continuación, se presentan algunas plantillas útiles que puedes descargar e imprimir para ayudarte en la planificación financiera:

- **Plantilla de Presupuesto Mensual:**
    - **Descripción:** Esta plantilla te permite registrar tus ingresos y gastos mensuales, ayudándote a visualizar tu flujo de efectivo y a identificar áreas donde puedes ajustar tus gastos.
    - **Contenido:** Sección para ingresos, gastos fijos y variables, ahorros y resumen mensual.
    - **Descarga:** Enlace a la Plantilla de Presupuesto Mensual (PDF).
- **Plantilla de Seguimiento de Gastos:**
    - **Descripción:** Una herramienta para registrar y categorizar tus gastos diarios. Esto te ayudará a ver dónde estás gastando más de lo planeado y ajustar tus hábitos en consecuencia.
    - **Contenido:** Sección para fecha, categoría, descripción y monto de gasto.
    - **Descarga:** Enlace a la Plantilla de Seguimiento de Gastos (PDF).
- **Plantilla de Planificación de Ahorros:**
    - **Descripción:** Utiliza esta plantilla para establecer y seguir tus metas de ahorro a corto, mediano y largo plazo.
    - **Contenido:** Espacio para metas de ahorro, monto objetivo, fecha límite y progreso.
    - **Descarga:** Enlace a la Plantilla de Planificación de Ahorros (PDF).
- **Plantilla de Control de Deudas:**
    - **Descripción:** Esta plantilla te ayudará a llevar un registro de tus deudas, pagos y saldo restante. Es útil para gestionar y reducir tu carga de deudas.

- **Contenido:** Sección para deudas, monto original, saldo pendiente, pagos realizados y fecha de vencimiento.
- **Descarga:** Enlace a la Plantilla de Control de Deudas (PDF).

16.2. Recursos Legales y Financieros

Existen diversos recursos gubernamentales y organizaciones no gubernamentales (ONG) en España que ofrecen asistencia con la gestión financiera y apoyo en situaciones económicas difíciles. Aquí te presentamos algunos recursos clave:

- **Instituto Nacional de Consumo (INC):**
  - **Descripción:** El INC ofrece información y recursos sobre derechos del consumidor, educación financiera y asesoramiento sobre problemas relacionados con compras y contratos.
  - **Servicios:** Guías y asesoramiento en consumo, derechos del consumidor.
- Oficina de Información al Consumidor (OIC):
  - **Descripción:** Proporciona orientación y ayuda en la resolución de conflictos de consumo, incluyendo problemas financieros y contractuales.
  - **Servicios:** Asesoramiento y resolución de conflictos, información sobre derechos del consumidor.
- Asociación Española de Usuarios de Bancos, Cajas y Seguros (ADECUA):
  - **Descripción:** ADECUA ofrece apoyo a los consumidores en la gestión de productos financieros, reclamaciones y educación financiera.
  - **Servicios:** Asesoría y reclamaciones, información sobre productos financieros.
- Fundación de Ayuda contra la Drogadicción (FAD):
  - **Descripción:** Además de su trabajo en prevención de adicciones, la FAD ofrece recursos educativos sobre gestión financiera y prevención del endeudamiento.
  - **Servicios:** Educación financiera y prevención, programas de apoyo.
- Cáritas Española:
  - **Descripción:** Cáritas proporciona apoyo a personas en situación de vulnerabilidad económica, incluyendo ayuda con la gestión de deudas y recursos financieros.

- **Servicios:** Asesoramiento económico, apoyo a familias en crisis.

16.3. Glosario de Términos Financieros

Un glosario de términos financieros es esencial para entender los conceptos clave mencionados en el libro. Aquí tienes una explicación de algunos términos importantes:

- **Presupuesto:** Un plan financiero que detalla los ingresos esperados y los gastos proyectados durante un período específico, normalmente un mes o un año.
- **Gasto Fijo:** Un tipo de gasto que permanece constante cada mes, como el alquiler o la hipoteca, y que no cambia con frecuencia.
- **Gasto Variable:** Gasto que fluctúa de un mes a otro, como la comida, el entretenimiento y otros gastos personales.
- **Ahorro:** El dinero que se reserva y no se gasta, con el objetivo de usarlo en el futuro o para alcanzar metas financieras específicas.
- **Deuda:** El dinero que se debe a otra persona o entidad, que debe ser pagado en el futuro. Las deudas pueden incluir préstamos, tarjetas de crédito, y otras obligaciones financieras.
- **Interés:** El costo de pedir dinero prestado o la ganancia obtenida de los ahorros. Puede ser simple o compuesto y se calcula como un porcentaje del monto prestado o ahorrado.
- **Inversión:** El acto de utilizar dinero para comprar activos con la expectativa de que su valor aumentará con el tiempo, generando beneficios futuros.
- **Dividendo:** Una parte de las ganancias de una empresa distribuida a sus accionistas. Es una forma de retorno de inversión para los propietarios de acciones.
- **Liquidez:** La facilidad con la que un activo puede convertirse en efectivo sin perder valor. Los activos líquidos incluyen dinero en efectivo y cuentas de ahorro.
- **Rendimiento:** La ganancia obtenida de una inversión, que puede ser en forma de ingresos o apreciación del valor del activo.
- **Cuenta de Ahorros:** Un tipo de cuenta bancaria que permite ganar intereses sobre el dinero depositado y es utilizada principalmente para ahorrar dinero a largo plazo.

www.ingramcontent.com/pod-product-compliance
Lightning Source LLC
Chambersburg PA
CBHW030054230526
45471CB00003B/1087